240

THÈSE

POUR

LA LICENCE.

TOULOUSE,

TYPOGRAPHIE GIBRAC OUVRIERS RÉUNIS,

RUE SAINT-PANTALÉON, 3.

MEIS ET AMICIS.

ACTE PUBLIC

POUR

LA LICENCE

En exécution de l'Article 4, Titre 2, de la Loi du 22 Ventôse an XII.

SOUTENU PAR

M. ALBENQUE (Antoine),

Né à Saint-Igest (Aveyron).

Jus Romanum.

INST. JUST., LIB. IV, TIT. VI, § 2.

Si Servitus vindicetur vel ad alium pertinere negetur.
(ff. lib. VIII, tit. V.)

Reales servitutes, id est, jura incorporalia in rebus corporalibus, sine duobus prædiis, quorum alterum alteri serviat, subsistere nequeunt. Undè videtur magis ab ipso prædio quam à prædii domino deberi servitutem, ideoque in vindicationibus non præcipue fundi dominum designat intentio, dicta propter quod *in rem actio*. Quæ in duobus datur casibus : nam aut intendit dominus prædii à fundo vicino sibi deberi servitutem, aut contrà negat vicinus se servitutem debere. Vocatur in primo casu actio *confessoria*, à *confiteri*, *negatoria* vel *negativa* in secundo, à *negare* vocabulo.

Hoc in primìs observandum, tale genus actionis non prodi in controversiis rerum corporalium ; namque, ut ait Justinianus, in his is agit qui non possidet non autem possessor. Qui adversarium sola possessione repellere potest donec justum dominium probet, secundum illam veteris juris regulam : in pari causa melior est causa possidentis, eique competit *uti possidetis* interdictum.

At contra in rerum incorporalium controversiis etiam ei qui possidet agere necesse fuerat primis temporibus, cùm non esset talium utilis possessio nec quasi-possessori interdictum competeret ullum. Deinde, dato prætoris æquitate interdicto utili, in usu mansit pariter negatoria in rem actio.

Attamen, inquit Justinianus, « sane uno casu qui *possidet* nihilominus *actoris partes* obtinet. » Sed quis est unus ille casus ? Hìc multæ doctorum investigationes, diversissimæ opiniones. Quidam inter quos Vinnius, cum nil tale in Pandectarum libris invenirent, putarunt sic emendandam orationem : Sane non uno casu ; facillima quidem, si vero foret interpretatio. Dicunt alii casum illum evenire in *publiciana* in *rem actione*, cum opponatur justi dominii exceptio. Etenim, inquiunt, actoris partes obtinere vel *sustinere*, hoc est probationem ferre ; quod accidit cum, repellendæ publicianæ actionis causa, exceptionem justi dominii opponit adversarius ; nam reus excipiendo fit actor, et agenti semper incumbit probatio.

Est et alia sententia quâ actoris partes obtinere videtur petitorem fieri quamvìs possidentem ; porrò id fit, ut supra dictum est, cum per negatoriam actionem de servitute vel usufructu agitur. In tanta denique opinionum diversitate mihi tacere licebit.

Prætermissa itaque difficultate, ad servitutum vindicationem redeamus, et primùm videamus cui, in negatoria actione, incumbat onus probandi. Observanda-ne est illa juris regula; *incumbit probatio ei qui dicit, non ei qui negat.* Minime, et, quamvìs satis mirandum sit aliquid probare negativum, videtur tamen actor jus vicini negando, plenum in re sua dominium quodammodo vindicare, nec quæri debet an possessor sit nec-ne is qui negatoria actione utitur; in his enim actionibus, ut ait Ulpianus, *possessor juris* et *petitor fit.* (L. 6, § 1.)

Actiones de servitutibus eorum sunt quorum prædia sunt; vindicare quoque possumus viam ad sepulchrum, quamvìs nostri dominii non sint sepulchra.

Usufructuario nusquam deberi servitutem potest. Si tamen medii loci legetur ususfructus, iter quoque sequitur quatenus est ad fruendum necessarium; quod servitus itineris non computatur, eique de servitute agere non licet, sed de usufructu utili (L. I, § 2 , si us. pet.)

Si vero servitus debeatur fundo de quo deductus fuerit ususfructus, fructuarium *interdicto de itinere* uti posse, dicit Pomponius, si hoc anno usus est, quia in confessaria actione de *jure,* in interdicto de *facto* quæritur.

Sæpe evenit ut plurium sit fundus cui servitus debetur, et tum constat unicuique in solidum actionem competere, et aliis prodesse de jure victoriam, quia res non recipit divisionem; sed, si in æstimationem ventum fuerit, ad quod actoris interest revocabitur.

Simili modo adversus unumquemque dominorum fundi servientis agi poterit, et quisque defendens solidum restituere debebit, quia est individuum. Contraria ratione respondet Papinianus, de servitute oneris ferendi qua vicinus adstringitur ad reficiendam parietem ad eum modum qui impositus est, si communes ædes sint quæ onera sustineant, non adversus singulos in solidum de hac re agi posse (L. 6, § 1.)

Certe mecum de servitute agere non potes quamdiu tibi nihil interest, verbi gratia; si inter meas et tuas intercedant Titii ædes, impositaque sit meis ædibus erga tuas servitus non altius tollendi, dùm liberæ manent Titii ædes. Ædificium extollente Titio ita ut tuis luminibus obstat , si ædificavero , frustra intendes *jus mihi non esse ita œdificatum habere , invito te ;* sed si rursus evanuerit Titii ædificium , tibi renascetur vindicatio , irrito jure facto antea potius quam ablato.

Undè quæri licet an per actiones de servitute agi potuerit cum tantummodo metui locus erit , ne vicinus postea jus vindicet aut neget. Et verius dicendum erit non adhuc turbato nullam competere actionem , quia nihil interest quod agat. Ubi vero aliqua exoritur controversia , quamvìs non de jure ipso , velut si quis viam reficere , sternere non patiatur , nascitur et actio (L. I , § 5 , ib.)

Nunc videndum est quæ contineantur in actionibus seu confessorià seu negatorià.

Et primo ad jus incorporale tendit confessoria actio non ad corpus loci in quo servitutem exerceri posse defenditur. Nunquam cedendæ à victo servitutis amplectitur obligationem : nam si rectè prononciatum est , habebat victor , et si inique , jus non constituit sententia sed declarat ; itaque si ante litem contestatam non utendo amisit servitutem postea restituere debet (L. I , § 4.)

Negatoria actio primùm ad juris negationem , deindè ad id quod injuria factum fuisset tollendum tendit.

In utroque tandem eventus hic est ut officio judicis in posterum victori detur cautio , quâ deficiente tanti interveniat condemnatio quanti actor in litem juraverit ; sciendum enim illas actiones esse *arbitrarias.*

Veniunt et fructus in iisdem actionibus , sicut in rei corporalis vindicationibus , et fructus intelligere debemus commodum quod præbuisset placidus juris usus , vel incommodum ab injusta vicini occupatione proveniens.

Code Napoléon.

Des Libéralités déguisées indirectes ou manuelles. — Leur validité, leur forme, leur imputabilité sur la portion disponible ou sur la réserve.

(918, 931 et suiv. — 893, 911, 1099, 1100, 1282 et suiv.).

Quand on jette un coup d'œil rétrospectif sur l'histoire des donations, on est frappé de la défaveur dont elles ont été l'objet depuis le Droit Romain jusqu'à nos jours. Le caractère essentiellement égoïste du peuple romain était, on le conçoit, peu favorable aux libéralités ; *donare est perdere*, c'est dissiper que donner, telle était la maxime des prudents.

Le droit coutumier, dominé par les institutions politiques de l'époque, voulait à tout prix concentrer les biens dans les familles. Dans ce but, il chercha à étouffer l'esprit de libéralité. De bonne heure fut proclamée la nécessité d'un dépouillement actuel et irrévocable, nécessité qui se formula par cette règle célèbre : *Donner et retenir ne vaut.*

Les rédacteurs de notre Code, qui n'avaient plus les mêmes idées que les auteurs du droit des coutumes, se sont néanmoins, sans doute par un respect trop scrupuleux pour le passé, montrés hostiles aux donations. Ils les ont soumises à des formes rigoureuses, exorbitantes du droit commun. On dirait qu'ils se sont plu à multiplier autour d'elles les causes de nullité.

Pour se dégager des entraves de toute sorte qu'on a voulu lui imposer, et souvent aussi pour éviter des haines et des jalousies, l'esprit de libéralité a inventé mille moyens détournés de se produire librement. On a pu dès-lors distinguer deux grandes classes de libéralités, celles qui sont faites en conformité des règles tracées par le Code, et celles qui sont faites en dehors des solennités de la loi. C'est de ces dernières seulement que je m'occuperai ici.

SECTION Iʳᵉ.

Division des Donations irrégulières, leur forme.

1º On les divise communément en donations *déguisées*, *indirectes* et *dons manuels*.

Le déguisement est de deux sortes. Il a lieu quand je cache ma libéralité sous les apparences d'un acte onéreux, ou quand je feins de gratifier tel individu et que la gratification s'adresse en réalité à tel autre, c'est-à-dire lorsqu'il y a *interposition de personnes*.

Il y a simple donation indirecte lorsque ma libéralité, sans revêtir les solennités de la donation régulière, se produit cependant ouvertement, ostensiblement sous l'une de ces mille formes variées qu'il est impossible de ramener à une formule unique. Tel est le cas où je vous vends pour dix mille francs un domaine qui en vaut trente mille ; il est évident que j'ai voulu vous faire profiter de l'excédant de la valeur réelle sur le prix porté dans l'acte de vente, c'est-à-dire dans l'espèce de ving mille francs.

Enfin, quand de la main à la main, sans recourir à d'autres formalités que la simple tradition, je vous livre, à titre de gratification, un objet mobilier, il y a ce qu'on appelle don manuel.

SECTION II.

Validité des Donations indirectes, déguisées ou dons manuels.

1º Avant d'entrer dans l'examen des conditions essentielles à la validité de chacune de ces donations, je dois répondre à une objection qui les concerne toutes. Peut-il y avoir d'autres donations valables que celles qui sont faites selon les formes prescrites dans la section 1ʳᵉ du chap. IV, tit. 2, liv. 3, Code Civil? telle est la question qu'on est tenté de s'adresser en présence de l'art. 893 qui porte : « On ne pourra disposer de ses biens à titre gratuit que par donations entre-vifs ou par testament *dans les formes ci-après établies.* » Et le doute grandit lorsqu'on rapproche ce texte de cette autre disposition non moins exclusive de l'art. 931 : « *Tous actes* portant donations entre-vifs seront passés devant notaires dans la forme ordinaire des contrats... »

Quelle que soit la généralité de ces textes, il me semble facile de démontrer qu'ils n'ont nullement pour objet de prohiber les donations exceptionnelles dont il est ici question. Et d'abord, que nous a voulu dire l'article 893 ? Uniquement ceci : qu'il n'y aurait à l'avenir que deux formes de disposer de ses biens à titre gratuit, la donation entre-vifs et les testaments, consacrant ainsi l'abolition de ce qu'on appelait dans l'ancien Droit comme dans le Droit Romain, *donations à cause de mort.* Ne suffît-il pas pour s'en convaincre de rapprocher ce texte de l'art. 3 de l'ordonnance de 1731, dont il n'est que le résumé ?

Et quant à l'art. 931 littéralement copié dans la même ordonnance (art. 1ᵉʳ), dit-il que tout contrat de donation devra être rédigé par acte notarié ? Non plus. Il déclare que lorsqu'on voudra dresser un acte spécial pour constater la donation, cet acte devra être passé devant notaires. C'est là le sens qu'on donnait à cette disposition dans l'ancien Droit ; c'est ainsi que l'entendait Daguesseau lui-même, rédacteur de l'ordonnance de 1731 ; c'est ainsi que l'ont entendu les rédacteurs du Code Civil. Écoutons, dans son rapport au tribunat, au nom de la section de législation, M. Jaubert, qui nous apprendra la signification qu'il attache à ces expressions *tout acte de donation* : « Nous devons remarquer, disait-il, à propos d'un autre article du projet (aujourd'hui art. 948), que le projet se sert des termes *tout acte* de donation ; il ne parle pas des dons manuels, et ce n'est pas sans motifs... »

On rencontre d'ailleurs dans le Code lui-même de nombreuses dispo-

sitions qui supposent l'existence de donations autres que celles dans les-
quelles on a observé les formes légales Comment comprendre autrement
l'art. 843, qui soumet au rapport tout ce que le cohéritier a reçu du
défunt par *donation entre-vifs*, *directement* ou *indirectement* ?

Pour les donations déguisées, on insiste encore. Comment voulez-vous,
nous dit-on, que la loi puisse venir reconnaître et sanctionner votre
volonté, alors que vous avez affecté de la lui cacher? Comment valide-
rait-elle le fruit de la clandestinité et de la fraude? Le législateur ne
pouvait évidemment pas consacrer une immoralité pareille. Aussi a-t-il
sévèrement proscrit toute donation déguisée ; la preuve la plus manifeste
se trouve dans l'art. 1099 qui, mettant en regard les donations indirectes d'un côté, et de l'autre les donations déguisées, réduit les premières
à la quotité disponible et annulle les secondes pour le tout.

Cet argument est loin d'être décisif, car d'abord le Code lui-même
prévoit formellement dans l'art. 918 un cas de véritable donation déguisée. Il suppose consentie par le défunt à l'un de ses successibles une
vente à charge de rente viagère, ou une aliénation à fonds perdu ou
avec réserve d'usufruit. En présence de ces faits, il déclare que l'héritier
venant à la succession devra rapporter à ses cohéritiers tout ce qui
excède la quotité disponible. Le législateur les considère donc comme
étant au fond de véritables donations, dont il reconnaît l'existence et la
validité, puisqu'il se contente de les réduire en cas d'excès.

Et l'art. 911, pourquoi prendrait-il la peine de nous dire que :
« Toute disposition au profit d'un incapable sera nulle, soit qu'on la
déguise sous la forme d'un contrat onéreux, soit qu'on la fasse sous
le nom de personnes interposées, » s'il n'admettait point que ces mêmes donations sont valables quand elles n'ont pas pour but d'éluder les
incapacités.

En second lieu, ne peut-on pas contester à l'art. 1099 toute la por-
tée qu'on veut bien lui donner? N'est-il pas vrai que le Législateur, en
édictant cet article, a voulu faire respecter les limites du disponible
entre époux? C'est à ces fins qu'il déclare (1099, al. 1er), que les
époux ne pourront se donner *indirectement* au-delà de ce qui leur

est permis par les dispositions précédentes ; puis il ajoute, comme con-
séquence, que toute donation déguisée ou faite à personnes interposées,
qui aurait pour but de conférer des avantages excessifs, serait nulle,
mais quant à l'excédant bien entendu. La deuxième partie de l'art. 1099
n'est que le corollaire naturel de la première.

Telle est au surplus la pensée qui se manifeste dans les travaux pré-
paratoires. « La simulation des actes et l'interposition des personnes
seraient de vains subterfuges », disait M. Jaubert, dans son rapport au
tribunat le 9 floréal an XI. L'orateur du tribunat au Corps Législatif,
est encore plus clair. « Enfin, dit M. Favart, il fallait prévenir les
donations *indirectes entre époux, par personnes interposées,* de la portion des biens qu'ils ne peuvent pas se donner. Le projet de loi les
défend.....» Ainsi, dans la pensée du rapporteur, ce sont bien les
donations déguisées par interposition de personnes qu'il désigne par cette
expression générale *indirectement*, et c'est bien seulement en tant qu'elles transgressent les limites du disponible qu'il les prohibe.

II. Dans les donations irrégulières, il faut distinguer le fond de la
forme. Au fond, les règles relatives à la capacité des contractants, à
l'étendue du disponible et de la réserve, à la réduction, à l'acceptation,
leur sont applicables. Quant à la forme, elles doivent revêtir tous les
caractères de l'acte sous lequel elles se présentent. Ainsi, la renonciation à une succession au profit de son cohéritier doit valoir comme
renonciation avant de produire son effet comme donation indirecte. Ainsi
encore, la remise gratuite de la dette doit être acceptée par le débiteur
avant qu'on puisse la qualifier de donation parfaite.

Cette dernière espèce peut soulever la question suivante : Aux termes
de l'art. 1282, la remise volontaire du titre original sous signature
privée par le créancier au débiteur, fait preuve de la libération ; mais
sera-ce une preuve de libération par remise de la dette ou par un
paiement régulier? En d'autres termes, y aura-t-il ou non présomption
de libéralité? Le mode le plus ordinaire de se libérer étant le paiement,
on devra présumer, jusqu'à preuve contraire, que le débiteur a réel-
lement désintéressé le créancier.

2

III. Les dons manuels ne sont astreints à aucune forme. Il n'y a là que la tradition naturelle ; mais il faut une tradition réelle : conséquemment, les meubles corporels peuvent seuls être l'objet de dons de cette nature. Il faut en dire autant des titres payables au porteur, assimilés en quelque sorte à l'argent monnayé. Les choses incorporelles, telles que les rentes, les créances, n'étant point susceptibles d'une tradition réelle, ne peuvent pas être données à un tiers de la main à la main.

La circonstance que le don manuel serait fait par un moribond pourrait donner lieu à des difficultés pour savoir si l'imminence du décès ne l'a pas transformé en donation à cause de mort ; car si ces sortes de dons sont nuls quand l'acte qui les constate est authentique et régulier dans la forme, il n'est pas moins évident que l'absence de toutes formalités extrinsèques ne saurait les rendre valables. Ce sera là, du reste, comme on le pense bien, une question de fait dont la décision souveraine appartiendra aux Cours d'appel.

Le don manuel peut être valablement fait par l'entremise d'un tiers ; mais comme il faut le concours des deux volontés nécessaires pour toute convention, on demande si le don est valable alors même que le tiers n'aurait fait la remise qu'après le décès du disposant ? Je crois que d'après la rigueur des principes, il est sans effet ; car on ne peut accepter une libéralité pour un tiers sans un mandat légal ou conventionnel ; la gestion d'affaires n'a rien à faire ici.

Section III.

Imputabilité des donations indirectes déguisées et des dons manuels sur la quotité disponible ou la réserve.

Lorsque les libéralités dont nous venons de parler s'adressent à un successible du donateur, devront-elles s'imputer sur la réserve ou sur la portion disponible ; en d'autres termes, seront-elles considérées comme de simples avancements d'hoirie, et par suite, soumises au rapport, ou bien, au contraire, constituent-elles des dons préciputaires dispensés du rapport?

Une distinction est nécessaire entre les donations simplement indirectes et les dons manuels d'une part, et de l'autre, les donations déguisées ou faites à personnes interposées. Les premières sont rapportables, les secondes ne le sont point. Etablissons en peu de mots ces deux propositions.

Et d'abord, les donations simplement indirectes ainsi que les dons manuels sont assujettis à l'obligation du rapport. Pourquoi en serait-il autrement? Y a-t-il dans les dispositions du père de famille quelque chose qui indique une volonté contraire? Sans doute le défunt n'a pas employé pour faire constater sa libéralité les solennités que lui présentait la loi; il a trouvé plus commode de s'en dispenser; mais rien ne prouve qu'il ait voulu faire autre chose qu'un avancement d'hoirie, et le rapport étant de droit commun, favorable au maintien de l'égalité entre les copartageants, on doit toujours dans le doute le présumer. Le Code est d'ailleurs assez explicite à cet égard. L'art. 843 ne distingue pas entre les donations directes ou indirectes; l'art. 851 fait l'application du principe au cas du paiement des dettes du successible, et enfin l'art. 853, en dispensant du rapport les profits que l'héritier a pu retirer de conventions passées avec le défunt, si ces conventions ne présentent *aucun avantage indirect*, lorsqu'elles ont été faites, y soumet par là même celles des conventions qui contiendraient, dès le principe, une libéralité indirecte.

Mais quand le *de cujus* aura eu recours à la forme d'un acte onéreux ou à l'interposition de personnes pour déguiser sa libéralité, dira-t-on qu'il a aussi entendu ne faire qu'un simple avancement d'hoirie? Quand j'ai pris toutes les précautions possibles pour voiler ma donation, pour empêcher qu'on soupçonnât même son existence, on pourrait encore sérieusement douter si j'ai ou non voulu que le donataire l'imputât sur sa réserve lorsqu'il viendra plus tard recueillir ma succession concurremment avec mes autres héritiers! Un tel langage ne saurait être sincère. Qu'on nie la validité des dons de cette sorte, à la bonne heure; on peut avoir du moins quelques raisons de le croire ainsi. Mais admettre leur validité et les soumettre au rapport, cela implique contradiction.

Qu'on n'argumente pas de l'article 843 combiné avec l'article 919, pour prétendre que la loi ayant exigé que la dispense soit expresse, ne peut pas admettre en même temps une dispense tacite; car, d'une part ces dispositions n'ont en vue que les libéralités régulièrement constatées par actes passés dans les formes ordinaires des donations et testaments, et d'autre part, on ne peut pousser le ridicule jusqu'à vouloir faire dire au disposant : L'acte que je consens à mon successible est une vente sérieuse, un acte intéressé qui ne contient aucune espèce d'avantage, même indirect, mais j'entends qu'il soit dispensé de faire compte à ses co-héritiers de la donation qu'il renferme.

Le Législateur s'est montré plus conséquent. Après avoir reconnu la validité d'une donation déguisée sous les apparences d'une rente viagère ou d'une aliénation à fonds perdu ou avec réserve d'usufruit quand cet acte s'adresse à l'un des successibles en ligne directe, il déclare formellement qu'elle sera *imputée sur la portion disponible* et que *l'excédant* seul sera rapporté à la masse (918). Ailleurs il décide que *les dons et legs faits* au fils de celui qui se trouve successible à l'époque de l'ouverture de la succession sont toujours *réputés* faits avec dispense de rapport (847); que le fils venant à la succession du donateur n'est pas tenu de rapporter le don fait à son père (848); que les dons et legs faits au conjoint d'un époux successible sont réputés faits avec dispense du rapport(849). Pourquoi cela? parce qu'il y a interposition de personnes (911, al. 2).

Procédure Civile.

De la Récusation (Tit. 21.)

Le juge doit, avant tout, être impartial; il doit aussi inspirer une confiance pleine et entière aux parties qui demandent justice. Quand des impressions étrangères pourraient tromper sa probité ou fourvoyer son jugement, la loi lui commande de s'abstenir, et si un magistrat, sourd aux réclamations de sa conscience, persistait à vouloir connaître de l'affaire, le plaideur qui aurait de justes motifs de suspecter son intégrité, trouverait dans la récusation un moyen efficace de décliner sa juridiction. Toutefois, j'ai hâte de le dire à la gloire de la magistrature française, le juge attendra rarement d'être interpellé pour se déporter, et peut-être, dans nos mœurs modernes, serait-il plus à craindre de voir trop souvent des absences basées sur des scrupules futiles, si le Législateur n'avait pris de sages précautions contre un abus nuisible à la bonne et prompte administration de la justice. C'est donc avec raison que l'article 380 Cod. Nap. exige que « tout juge qui sait cause de récusation en sa personne, en fasse la déclaration à la chambre qui décidera s'il doit s'abstenir. » Il paraît, au surplus, que la chambre n'a pas besoin d'être complétée pour recevoir et apprécier la déclaration du juge, et que la décision rendue ne devant pas, contrairement à ce qui se passait sous l'empire de l'ordonnance de 1667, être communiquée aux parties, est une espèce de jugement de discipline intérieure contre lequel la voie de l'appel est impossible. Je serais également porté à croire que la chambre pourrait accueillir d'autres causes que celles qui donneraient lieu à récusation ; car , si l'art. 380 exige que le juge s'abstienne dans tous les cas où il pourrait être récusé, ni les termes , ni l'esprit de la loi ne lui imposent l'obligation inique de violenter sa conscience et de rester juge malgré ses honorables appréhensions.

Pour analyser sommairement les dispositions du titre XXI sur la récusation , j'examinerai dans cinq paragraphes distincts : 1º quelles sont les causes de récusation ; 2º quelles personnes sont sujettes à récusation ; 3º à quelle époque la récusation doit être proposée ; 4º dans quelle forme elle doit être proposée et jugée ; 5º comment se poursuit l'appel d'un jugement sur récusation.

§ 1er. — Causes de récusation.

L'art. 378 en indique neuf , qui semblent se rattacher à quatre motifs principaux : l'intérêt, l'affection , la haine ou la prévention du juge. D'après ce texte , il y a lieu à récusation :

1º « Si le juge est parent ou allié *des parties* ou de l'une d'elles jusqu'au degré de cousin issu de germain inclusivement ; 2º si la femme » du juge est parente ou alliée de l'une des parties , ou si le juge est » parent ou allié de la femme de l'une des parties au degré ci-dessus , » lorsque la femme est vivante ou qu'étant décédée , il en existe des » enfants ; si elle est décédée et qu'il n'y ait point d'enfants, le beau- » père , le gendre ni les beaux-frères ne peuvent être juges.» La circonstance que le juge serait parent des deux parties à des degrés égaux ou inégaux ne serait pas un obstacle à la demande en récusation , et même il faut décider qu'en cas de parenté avec une seule , celle-là-même peut s'en prévaloir. La parenté , quand elle ne produit pas l'affection , n'engendre que trop souvent des haines violentes. La raison de la loi s'applique avec non moins de force à la parenté naturelle.

3º « Si le juge , sa femme , leurs ascendants et descendants ou alliés

» dans la même ligne ont un *différend* sur pareille question que celle » dont il s'agit entre les parties. » On décide généralement que le différend doit être né et actuel. Il ne suffirait pas de la possibilité d'une contestation dans l'avenir, il faut que des prétentions aient été élevées de part et d'autre Mais est-il nécessaire que le procès soit déjà engagé? Le soin avec lequel le Législateur a employé le mot différend dans ce numéro et le mot procès dans celui qui suit, ne me permet pas de le penser ainsi. Il va sans dire que la récusation ne pourrait être demandée que par la partie qui développerait un système contraire aux prétentions du juge ou des siens dans le différend qui les concerne.

4o « S'ils ont un procès en leur nom dans un tribunal où l'une des » parties sera juge; s'ils sont créanciers ou débiteurs d'une des parties », la créance serait-elle même conditionnelle ou à terme. Dans ces diverses espèces le juge aurait un trop grand intérêt à ménager la partie au détriment de l'équité.

5o « Si dans les cinq ans qui ont précédé la récusation il y a eu pro- » cès criminel entre eux et l'une des parties, ou son conjoint, ou ses » parents ou alliés en ligne directe. »

6o « S'il y a procès civil entre le juge, sa femme, leurs ascendants » et descendants ou alliés dans la même ligne et l'une des parties, et que » ce procès, s'il a été intenté par la partie, l'ait été avant l'instance » dans laquelle la récusation est proposée, si ce procès étant terminé, » il ne l'a été que dans les six mois précédant la récusation. »

Les procès, de quelque nature qu'ils soient, sont peu propres à établir des rapports d'affection entre les parties litigantes. Il semblerait, d'après cela, qu'on dût entendre l'expression procès criminel dans le sens le plus large, comprenant tout procès soit en police simple, ou correctionnelle, soit en justice criminelle. Néanmoins, la discussion au Conseil-d'Etat et le rejet de l'amendement proposé, repoussent cette interprétation; la récusation ne serait admissible que tout autant qu'on justifierait d'une inimitié capitale prenant sa source dans un procès de police correctionnelle. (378, no 9).

7° « Si le juge est tuteur, subrogé-tuteur ou curateur, héritier pré-
» somptif du donataire, *maître* ou commensal de l'une des parties. S'il
» est administrateur de quelque établissement, société ou direction
» partie dans la cause ; si l'une des parties est sa présomptive héritière. »
Le Législateur a pensé, avec raison, que dans ces divers cas l'intérèt
ou l'affection serait d'un trop grand poids dans la balance du juge. Re-
marquons en passant que sous cette expression *maître*, la loi ne comprend jamais les bailleurs d'un fonds. La récusation n'aurait donc pas
lieu, quoique l'une des parties fût le fermier ou le colon partiaire du
juge, à moins qu'à raison du bail elle ne fût sa débitrice.

8° « Si le juge a donné conseil, plaidé ou écrit sur le différend : s'il
» en a précédemment connu comme juge ou comme arbitre ; s'il a sol-
» licité, recommandé ou fourni aux frais du procès ; s'il a déposé
» comme témoin ; si depuis le commencement du procès il a bu ou
» mangé avec l'une ou l'autre des parties dans leur maison, ou reçu
» d'elle des présents. » Il y a parité de raison si le juge a été défrayé
par la partie dans une hôtellerie, ou si des présents lui ont été faits indirectement par l'entremise de sa femme ou de ses enfants.

9° « S'il y a eu inimitié capitale entre lui et l'une des parties ; s'il y
» a eu de sa part agression, injures ou menaces, verbalement ou par
» écrit depuis l'instance ou dans les six mois précédant la récusation
» proposée. » Mais il ne saurait dépendre d'une partie d'écarter par des
voies de fait ou actes injurieux contre la personne du juge celui dont
elle redouterait la loyauté et les lumières.

L'ordonnance de 1667, après avoir énuméré longuement les causes
de récusation, ajoutait dans son art. 12 : « N'entendons aussi exclure les
autres moyens de fait et de droit pour lesquels un juge pourrait être
valablement récusé ». Le Code de Procédure ne reproduit point cette
disposition ; d'où l'on a tiré la conclusion légitime que l'art. 378 est limi-
tatif. Je ne crois pas néanmoins l'étendre au-delà de la pensée de ses
rédacteurs, en décidant que le juge sera sujet à récusation toutes les
fois qu'il aura un intérêt personnel engagé dans le procès. Je me fonde
sur un *à fortiori* tiré de l'art. 379, qui permet de récuser le juge parent

du tuteur ou curateur de l'une des parties lorsque ce tuteur ou curateur aurait un intérêt personnel dans le débat.

§ 2. — *Des Personnes sujettes à récusation.*

A tous les degrés de la juridiction civile ou administrative, en matière ordinaire comme en matière criminelle, correctionnelle, de simple police ou commerciale, les motifs qui servent de fondement à la récusation se présentent avec la même puissance. Le juge, quel qu'il soit, est toujours homme ; il y aurait danger à le placer entre le devoir et la passion ou l'intérêt. Aussi l'art. 378 en principe déclare-t-il que « tout juge peut être récusé» , ce qui doit naturellement s'entendre des titulaires ou suppléants, des avocats ou avoués appelés à compléter le tribunal ; des arbitres pour causes survenues depuis le compromis (1014) ; des magistrats du parquet quand le ministère public est partie jointe, non quand il est partie principale (381), parce qu'alors ses conclusions n'ont pas la même influence sur la décision du tribunal. Quant aux greffiers, ils ne rentrent ni dans l'énumération, ni dans la pensée de la loi.

§ 3. — *A quelle époque la récusation doit être proposée.*

Il est de principe ordinaire en procédure que les exceptions doivent être proposées au début de l'instance, ou, comme on dit vulgairement, *in limine litis.* A ce titre la récusation ne méritait pas plus de faveur, il ne fallait pas laisser à la mauvaise foi un moyen trop facile d'éterniser les procès , en venant troubler l'action de la justice au moment où l'affaire est déjà sur le point de recevoir une solution définitive. Si la partie connaissant quelque cause de récusation, a négligé de la faire valoir, elle a compté sur la probité reconnue du juge récusable. « Celui donc qui voudra récuser devra le faire avant le commencement de la plaidoirie » ; c'est-à-dire avant que les conclusions aient été prises publiquement à

3

l'audience, « et si l'affaire est en rapport avant que l'instruction soit achevée ou que les délais soient expirés. » Il a été jugé cependant que la récusation est proposable tant que ne sont point commencées les plaidoiries, à l'effet d'obtenir jugement définitif, et par suite contre un juge qui aurait pris part à un interlocutoire, quand on vient plaider sur le fonds A plus forte raison, est-on recevable à récuser le juge commissaire qui ne l'aurait pas été comme simple juge au moment où le jugement préparatoire ou interlocutoire a été rendu. La partialité qu'il apporterait dans l'opération dont il est seul chargé, pourrait induire en erreur tous ses collègues. Ceci résulte d'ailleurs implicitement de la combinaison des art. 296 et 383.

Les opérations ordonnées par un préparatoire ou un interlocutoire présentent ordinairement le caractère d'urgence. C'est pour cela que la récusation du juge commis doit être proposée dans le plus bref délai, dans les trois jours qui courront : 1o du jour du jugement s'il est contradictoire ; 2o du jour du débouté d'opposition s'il a été par défaut, et qu'il y ait eu opposition ; 3o du jour de l'expiration de la huitaine de l'opposition, si le jugement est par défaut et qu'il n'y ait pas eu d'opposition, sans distinguer si le défaut est faute de conclure ou faute de constitution d'avoué.

On comprend que la déchéance ne peut pas s'appliquer aux causes de récusation survenues postérieurement à l'époque où elles auraient dû être régulièrement proposées. C'est ce que décide formellement l'art. 282 pour les simples juges, et si l'art. 383 ne s'en explique pas pour les juges commis, la comparaison de ce texte avec l'art. 22 de l'ordonnance, conduit à cette équitable interprétation. Quoique le texte semble n'indiquer non plus que les causes survenues postérieurement et non celles existant déjà, mais dont la connaissance ne serait venue que tardivement à la partie, l'opinion qui exclurait ces dernières du bénéfice de l'art. 382 paraît bien rigoureuse dans certains cas, notamment lorsque la donation en faveur du juge n'aurait été transcrite qu'après les conclusions prises sur l'audience ; nul doute, au surplus que la partie qui voudrait se prévaloir de cette connaissance tardive ne dût en justifier, et qu'il ne suffirait plus comme autrefois de sa simple affirmation.

§ 4. — Dans quelle forme la récusation doit être proposée et jugée.

A raison des graves intérêts qu'elle implique, la récusation a motivé une procédure toute spéciale. Le spectacle d'un plaideur interpellant directement son juge de quitter le siége, aurait quelque chose de profondément contraire à la décence publique. Celui qui voudra récuser se rendra au greffe en personne ou par un fondé de procuration spéciale et authentique. Là, assisté de son avoué, sans éclat et sans expressions gratuitement offensantes, il fait sa déclaration. Cet acte signé de la partie elle-même ou de son mandataire conjointement avec l'avoué, contient les moyens à l'appui de sa prétention (384). Le greffier en prend sans délai une expédition qu'il remet dans les vingt-quatre heures au président du tribunal. Ce dernier fait son rapport à l'audience, en laquelle, le ministère public entendu, un premier jugement, sans s'occuper de la sincérité des faits allégués, statue si ou non la récusation est admissible.

Ce jugement, au cas où la récusation est jugée admissible, ordonne : 1º la communication au juge récusé, pour s'expliquer en termes précis sur les faits dans le délai qu'il fixe ; 2º les communications au ministère public. Il nomme un rapporteur et indique le jour où le rapport sera fait à l'audience (385).

L'effet de ce jugement est la suspension de plein droit de tous actes, hors ceux étrangers au ministère du juge, et à moins d'urgence reconnue par le tribunal (387). Le tribunal, statuant soit sur l'admissibilité de la récusation, soit sur l'urgence des opérations à faire, doit être complété si les juges non récusés ne sont point en nombre suffisant.

Sur la communication du jugement qui déclare la récusation admissible, le juge récusé doit faire sa déclaration au greffe, à la suite de la minute contenant celle de la partie récusante (386). Le rapporteur et le ministère public en prennent connaissance et se mettent en mesure de faire le rapport et de conclure au jour indiqué.

Si, dans sa déclaration, le juge récusé a avoué les faits, il est ordonné qu'il s'abstiendra. S'il les a contestés, et si la partie en offre la preuve par écrit ou du moins un commencement de preuve écrite, le tribunal est tenu de les vérifier et de faire droit s'ils sont fidèles. Que s'il n'existe ni preuve, ni commencement de preuve par écrit, il est laissé à la prudence du tribunal de rejeter la récusation, sur la simple déclaration du juge ou d'ordonner la preuve testimoniale (389). Il sera alors procédé à l'enquête comme en matière sommaire.

Une amende, dont le taux, laissé à la discrétion des juges, ne peut être moindre de cent francs, est prononcée contre celui dont la récusation a été déclarée non *admissible*, non *recevable*, ou *mal fondée*, suivant la généralité des auteurs (390). Le juge récusé et blessé dans son honneur, a droit aussi à une action en réparation et dommages-intérêts ; mais s'il l'exerce, il ne peut demeurer juge. (*Ibid.*)

C'est ici le lieu de faire observer que tant qu'un juge est sous le coup d'une amende en récusation régulièrement formée contre lui, ou d'un jugement qui prononce son abstention, il est radicalement incompétent en tout ce qui se rattache au procès de près ou de loin. La nullité des décisions auxquelles il prendrait part et des opérations qu'il effectuerait, pourrait toujours être demandée, car elle est d'ordre public.

§ 5. — *De l'appel sur récusation et de la manière d'y statuer.*

On ne peut se pourvoir par opposition contre un jugement rendu sur récusation ; il peut seulement en être relevé appel. Cet appel est suspensif comme toujours, et de plus, il a ceci de particulier, que le tribunal ne peut ordonner l'exécution provisoire. Néanmoins, cette exécution provisoire aura lieu si dans le mois du jugement en première instance l'appelant n'avait pas le soin de signifier aux parties la décision sur appel ou un certificat du greffier près la Cour, contenant que l'appel n'est pas jugé, mais que tel jour a été désigné pour le vider.

Dans quels cas y a-t-il lieu à l'appel ; quelles personnes peuvent-elles

l'interjeter ? Comment y est-il statué ? Telles sont les questions auxquelles il me reste à répondre en peu de mots.

1º Aux termes de l'art. 391 : « Tout jugement sur récusation, même
dans les matières où le tribunal de première instance juge en dernier
ressort, est susceptible d'appel.»

Doivent être rangés dans cette catégorie : 1º le jugement qui déclare
la récusation inadmissible ; 2º celui qui la déclare non-recevable ; 3º le
jugement interlocutoire qui admet à la preuve ; 4º enfin celui qui déclare
la récusation mal fondée.

Il est hors de doute que la partie qui demandait la récusation ne soit
admise à interjeter appel. Mais en est-il de même de son adversaire et
du juge récusé ? Cette question dépend de celle de savoir s'ils sont parties dans l'incident de récusation. Pour le juge, il ne semble possible de
le considérer comme tel que tout autant qu'il est intervenu pour deman-
der une réparation en dommages ; conséquemment ce n'est que dans ce
cas qu'il pourrait se rendre appelant. Quant à l'adversaire du récusant,
la difficulté est plus sérieuse. Nulle part la loi n'exige qu'il lui soit donné communication des actes de procédure en première instance. Cependant la récusation n'est qu'un incident dans la cause principale; l'adversaire du récusant est toujours demeuré dans l'instance pour y surveil-
ler ses intérêts gravement engagés. Ne faut-il pas en conclure qu'il peut
appeler du jugement qui prononce la récusation à son désavantage ?
N'est-ce pas là, du reste, la pensée de la loi qui déclare que « *tout*
» *jugement* sur récusation est susceptible d'appel» (391); que «*si la par-*
» *tie* soutient qu'attendu l'urgence » (ibid); que « *celui qui* voudra ap-
» peler » (392)....

Il ne faut pas , disait l'orateur du gouvernement , que l'intégrité du
magistrat reste long-temps sous le soupçon ; tel est le fondement de la
procédure simple et rapide qui s'observe en appel.

Dans les cinq jours du jugement et, suivant un auteur , sans qu'il soit
nécessaire de le lever ni signifier, la déclaration d'appel est faite au
greffe par acte motivé contenant énonciation du dépôt des pièces au
soutien (392). Il est à remarquer que l'article n'exigeant pas la signature

de la partie ou de son mandataire spécial, l'acte ne serait pas nul par cela seul qu'il n'aurait été signé que de l'avoué.

Dans les trois jours de la déclaration d'appel, le greffier, à la requête et aux frais de l'appelant, expédie au greffier de la cour les pièces mentionnées dans l'art. 393. Celui-ci a trois jours pour en donner communication à la cour, laquelle nomme un rapporteur; et, au jour indiqué, sur les conclusions du ministère public, arrêt est rendu sans qu'il soit nécessaire d'appeler les parties (394).

L'arrêt promptement expédié, les pièces sont renvoyées, dans les 24 heures, au greffier de première instance qui, dans le cas où la récusation est maintenue, en donne avis tant au juge récusé qu'au tribunal.

Ainsi se termine cette procédure exceptionnelle dans laquelle le législateur a pris tant de soin à concilier l'intérêt des parties avec le respect dû à la justice et à ses représentants.

Droit Criminel.

Des Contraventions de simple police.

Le mot contravention, dans son sens juridique et spécial, désigne toute infraction que les lois punissent des peines de police (art. 1er, C. P.)) Sans chercher ici à justifier la distinction des faits punissables par la nature des peines à l'application desquelles ils donnent lieu, distinction qui peut tout au moins revendiquer pour elle le mérite d'une grande utilité pratique, j'essaierai de tracer quelques principes généraux qui régissent particulièrement les contraventions.

La loi en cette matière n'incrimine jamais que le fait consommé : la simple tentative n'est pas comme en matière de crimes et quelquefois en matière de délits mise sur la même ligne que l'acte lui-même (2 et 3. C. P.) On comprend en effet que si la justice humaine a pu, sans méconnaitre les prérogatives de la justice divine, intervenir à la seule manifestation d'une pensée criminelle qui a fait courir à la société un grave danger, elle doit rester désarmée quand les intérêts de cette même société n'ont été compromis que d'une manière aussi éloignée.

La complicité n'est pas non plus punissable en principe. Les quelques exceptions qu'on rencontre doivent être soigneusement restreintes aux cas spécialement prévus (59 C. P.) On en trouve un exemple dans les art 479, n° 8 ; et 480, n° 5, en ce qui concerne les bruits ou tapages injurieux et nocturnes troublant la tranquillité des habitants.

En matière de contraventions, la récidive, qui donne lieu à l'aggravation de la peine, est néanmoins régie par des règles qui lui sont propres. Aux termes de l'art. 483, trois conditions constituent la récidive. Il faut : 1° qu'il ait été rendu contre le contrevenant un premier jugement pour contravention de police; 2° que ce jugement ait été rendu dans les douze mois précédents, calculés, à mon avis, d'après le calendrier Grégorien (V. C. Com., 132 ; C. P., 40); 3° que les deux contraventions aient été commises dans le ressort du même tribunal, c'est-à-dire ainsi qu'on le décide généralement, dans celui du tribunal ordinaire de police, la justice de paix. On voit, d'après le texte même de l'art. 183, que la loi ne punit que la récidive spéciale, en ce sens qu'elle n'a pas égard aux condamnations antérieures pour crimes ou délits correctionnels; mais elle n'exige pas que la nouvelle contravention soit de la même nature que la première ; l'une et l'autre doivent au surplus être de celles qui sont prévues par le Code pénal.

Une question qui a soulevé de vives controverses est celle de savoir si le principe de la non-cumulation des peines s'applique aux contraventions de simple police. La jurisprudence de la Cour suprême a éprouvé sur ce point de grandes variations. Jusqu'en 1835 elle avait constamment jugé la négative; à partir de cette époque jusqu'en 1841, elle semblait être revenue de sa première doctrine. Enfin, le 7 juin 1842, la Cour de Cassation, chambres réunies, a rendu, sur les conclusions conformes de M. Dupin, un arrêt solennel qui décide que l'art. 365 C. Intr. Cr. n'est pas applicable en matière de contraventions. On ne saurait trop applaudir à cette jurisprudence. L'art. 365 Inst. C., comme le disait dans son réquisitoire le savant magistrat, présente un triple caractère d'exception : 1º par la place qu'il occupe dans le Code ; 2º par les expressions qu'il emploie ; 3º par la nature même de ses dispositions. Le principe qu'il consacre, étendu aux contraventions, ne peut être facilement justifié, même en dehors des termes de la loi, et il aurait pour résultat inévitable d'assurer un bénéfice réel à l'individu qui, par un honteux calcul, saurait multiplier, sans aucun risque, des infractions dont une seule peine doit effacer la criminalité. La possibilité de ce dangereux calcul devient saillante si l'on réfléchit qu'il n'existe pas en matière de police d'arrestation préventive, et que pour qu'il y ait récidive, il doit être intervenu un jugement définitif.

Une autre différence qui sépare profondément les contraventions des autres délits, c'est qu'elles sont toutes matérielles. L'intention de l'agent n'y est point prise en considération. Le fait prouvé, la loi de police le frappe indistinctement, sans en examiner la cause. Il ne peut y avoir en cette matière d'autre excuse que celle provenant de la force majeure ; et toutefois le législateur de 1832 a étendu le bénéfice des circonstances atténuantes aux contraventions indiquées dans le Code Pénal (463 *in fine*.)

Division des contraventions.

Ces principes établis, j'ai hâte d'arriver à la division des contraventions adoptée par le Code Pénal. Elles sont réparties en trois classes, d'après l'intensité des peines qui les répriment. Les faits qui constituent chacune de ces trois classes, et dont l'énumération fait l'objet des art. 471, 475 et 479, C. Pén., ne sont que des atteintes peu graves au respect des personnes et des propriétés, ou des infractions aux réglements de police administrative ou municipale.

1re *Classe* (471).

Les contraventions de cette 1re classe sont punies d'une amende de 1 à 5 fr. inclusivement. La peine d'emprisonnement pendant trois jours au plus peut être aussi prononcée, selon les circonstances, contre ceux qui ont violé la défense de tirer en certains lieux des feux d'artifice, et contre ceux qui ont glané, râtelé ou grapillé dans les champs non encore entièrement dépouillés de leurs récoltes, ou avant le moment du lever ou après celui du coucher du soleil. Cette même peine d'emprisonnement pendant trois jours au plus est toujours prononcée en cas de récidive (474). Enfin, sont en outre confisqués : les pièces d'artifice saisies dans le cas du no 2 de l'art. 471, les coutres, les instruments et les armes mentionnés dans le no 7 du même art. (472).

Je ferai une seule observation sur le no 15 et final de l'art. 471, qui parle des contraventions aux réglements *légalement* faits par l'autorité administrative. Le juge de paix peut donc et doit même examiner au préalable, la légalité du réglement qui a été enfreint, mais jamais il ne doit, sous peine d'excès de pouvoir, statuer sur son opportunité.

2e *Classe* (475).

La peine ordinaire est l'amende de 6 à 10 fr. inclusivement. L'emprisonnement, pendant trois jours au plus, est facultatif contre les rouliers, charretiers, voituriers et conducteurs en contravention aux réglements dont il est parlé au no 3 de l'art. 475, contre ceux qui ont contrevenu aux réglements ayant pour objet soit la rapidité, la mauvaise direction ou le chargement des voitures ou des animaux, soit la solidité des voitures publiques, leur poids, le mode de leur chargement, le nombre et la sûreté des voyageurs ; contre les vendeurs et débitants de boissons falsifiées ; contre ceux qui auraient jeté des corps durs ou des immondices. — Doivent aussi être confisqués dans certains cas les objets ayant servi à commettre la contravention, pour les uns être mis sous le pilon et les autres détruits. (Art 477).

4

En cas de récidive, l'emprisonnement pendant cinq jours au plus, est toujours prononcé. Cet état de récidive, quand il est pour le même fait, et à l'égard des personnes ayant établi ou tenu dans les rues, chemins, places ou lieux publics, des jeux de loterie ou d'autres jeux de hasard, a pour effet remarquable de rendre les contrevenants justiciables des tribunaux correctionnels et passibles de six jours à un mois d'emprisonnement et d'une amende de 16 à 200 francs.

3e *Classe* (479).

Les peines contre les contraventions de cette dernière catégorie sont : l'amende de 11 à 15 fr. inclusivement; l'emprisonnement facultatif pendant cinq jours au plus, dans les cas de l'art. 480 ; la confiscation des objets mentionnés en l'art. 486, et toujours, en cas de récidive, l'emprisonnement pendant cinq jours.

L'examen des difficultés que fait surgir, relativement à la compétence des tribunaux de police, la répression des faits qui constituent tout à la fois des contraventions de grande et de petite voirie, me mènerait trop loin. Je les réserve pour la discussion orale.

Cette Thèse sera soutenue, en séance publique, dans une des salles de la Faculté de Droit de Toulouse, le 5 Août 1854.

Vu par le Président de la Thèse,

DUFOUR.

Toulouse, Imprimerie Gibrac OUVRIERS RÉUNIS, rue St-Pantaléon, 3.

Imprimerie Gibrac OUVRIERS RÉUNIS, rue St-Pantaléon, 3, hôtel Laromiguière.

www.ingramcontent.com/pod-product-compliance
Lightning Source LLC
Chambersburg PA
CBHW060458200326
41520CB00017B/4835